Kim Hong-GI

시인 김홍기

해평습지

김홍기 시집

해평습지

Poetics 시학

■ 시인의 말

햇빛과
소낙비와
숨 가쁘게 달려온 바람에게
기꺼이 자신의 속 내어준 복숭아처럼
시를 쓴다는 건
거칠고 단단한 씨앗 하나
감싸 안는 일이다
내 안 깊숙이 봄과 여름과
가을과 겨울이 들앉게
속 비우는 일이다
씨앗 하나 들일 만큼
비우는 일이다

2015년 가을
김홍기

차 례

제1부

제2부

제3부

제4부

제1부

유치원 갔다 오는 길

엄마 손 잡고
단발머리 팔랑거리며
유치원 갔다 오는 길
가끔 손짓까지 해 가며 세차게
도리질 치는가 하면
또 어느 땐, 무엇이 그렇게 답답한지
밤톨만 한 주먹으로 제 가슴을 콩콩 치며
쉴 새 없이 조잘대는 계집아이의
야무진 저 이야기
담장 너머 길게 목 늘이고 내다보던
멍울진 개나리
하나,
둘
꽃 잎 열어 참견하는 걸 보면
나 혼자 궁금했던 게 아닌가 보다

회화나무

퇴근길,
집으로 오는 골목 어귀
반쯤 창문 열린 차 한 대
서 있더란다

마침, 아내가 그곳을 지나려는데
그늘 드리우던 회화나무 가지에서
조그만 청개구리 한 마리
젊은 두 남녀가 타고 있던 그 차
앞 유리에 뛰어내렸더란다

"어! 개구리다"
"어머, 청개구리네?"
"잡아야지" 하고 남자가 말하니까

"직이라"

그러더란다

홍시

아버지께서 그 무딘 손가락으로
봄과 여름과 가을을 내려받은 MP3 보내오셨다
파도 소리 쏴한 청량음료처럼 꼭지를 따면
붉게 득음한 한여름 매미 소리와
사월 둘째 날 내리던 초록 빛 봄비 사이
간주곡처럼 들려오는 환절기 풀벌레 소리까지
읍내 우시장 목매지 팔고 오시던 날,
한사코 귓전으로 따라오던 선한 눈망울을
막소주집 이 빠진 사발처럼
개다리소반 위에 두고 오셨다며 마당가
먹감나무 고목처럼 눈자위 붉히시던
아버지께서

큭

당진 어느 시골엘 간 적 있었다
시간에 쫓기다 놓친 점심을 위해
아내와 그 식당 문을 들어섰을 땐,
구석으로 밀려난 오후의 시곗바늘같이 한가한 주인 남자와
그의 동네 형이라는 사람이 연탄난로를 사이에 두고
막걸리 병뚜껑을 막 따던 참이었다
주문한 칼국수가 나오기까지
잠시 끊어졌던 그들의 대화는
도시에서 직장생활을 했었다는 주인 남자가
신용카드를 처음 써 보는 맞은편 형의 잔에
막걸리를 따르며
언제 어디서나 현금을 대신할 수 있으며
급할 땐 빌려 쓸 수도,
거래 실적에 따라 할인을 받거나
누적된 포인트는 현금처럼 다시 사용할 수 있다는,
마치

카드사 영업사원 같은 식당 주인의 이야기 내내
턱 밑 가까이에서 황소같이 선한 눈만 껌벅이던 형이
묻는다
그럼, 카아드사는 머얼 먹고 사는겨?
순간, 빨아올리던 칼국수 면발이 코와 입 사이
인중을 치자,
적당히 간이 된 국물 한 방울이 콧구멍 속으로 튀었다
큭.

낮달

누가 불러 주거나 찾아오지 않으면
하루의 대부분을 혼자 놀아야 했을 만큼
낯가림 심했던 어린 시절 나는
아무도 찾아오지 않는 심심한 날이나
산 그림자처럼 적막한 날이면,
침 묻힌 손가락으로 낮달만 한 구멍
창호지에 뚫어 놓고
넓디넓은 우주의 바깥을 탐험하곤 했었는데
다시는 함께 살지 않을 것같이
격렬하게 싸운 다음 날 아무 일 없었다는 듯
나란히 외출하던 위층 젊은 부부처럼, 하늘 저쪽
혼자서 집을 보던 우주의 한 아이가
억수같이 퍼붓던 소나기 그친 오늘 아침
아무도 모르게 손가락 끝에 침 묻혀
거울처럼 고요한 지구의 이곳저곳
살피고 있다

살구꽃

하마, 몇십 년 전 일이네요
잔디씨 훑고 염소도 키워 수학여행 갔다 오던
초등학교 오학년 때 말입니다
한 번은 말이지요
나와 내 짝꿍이 염소 당번이었던
어느 반공일 날 말이지요
홍이네와 김 씨네가 전부였던 우리 학교 앞 점방보다
훨씬 많은 가게와 사진관과 짜장면집이 들어서 있던
면 소재지 선생님 댁엘 따라간 적 있는 데요
귀한 손님 왔다며 선생님과 사모님은
우리 또래 따님 시켜 눈까리 사탕 주셨지요
꽃무늬 고운 유리 그릇에 담아서요
선채로 엉거주춤 권하고 사양하며
서로가 미루다, 그만
사탕이 굴러간 우물가 저만치
그릇처럼 살구꽃 박살나고 있었지요
꽃처럼 유리그릇 박살나고 말았지요

해평습지

저럴 수도 있구나
저렇게 그림을 그리는 수도 있구나
안개는 고요한 시각 강가에 내려와
낮 동안 먼 길 달려온 물결 잠재우고
종종걸음 치던 물떼새 발자국
하얗게 지운자리
나이 많은 버드나무 밑동부터 그려 낸다
언뜻 보면 지워져 있는 강줄기가
그리다 만 것 같지만
쇠백로는 안다 미루나무 우듬지
부드러운 연초록 잎 하나 그려져 있는 것을
아직, 마르지 않은 물감 속
눈부시게 투명한 피라미들의 부화와
물잠자리의 무지갯빛 날개까지
새벽 낙동강
해평습지에는 안개가 걷히면서

날마다 조금씩 다른 그림을

지웠다 그리곤 한다

폭염

다만, 은빛 비늘 번쩍였을 뿐
옴짝달싹하지 않는
거미의 바다에서 건져 올린
오후의 성깔은 완고했다
해 기울고
어둑살 내릴 때까지
요지부동,
그물에 매달린 채 미동조차 없었다

도개 떡 방앗간

대구에서 상주 방향 옛 국도 따라가다 보면
조그만 면 소재지 떡 방앗간 하나 있다
기다란 학교 담벼락 지나 할매 손칼국수 옆
왠지, 주인이 나 어릴 적
아랫도리 훌러덩 까붙인 동생 놈 옆에서
꼬랑지 설렁설렁 흔들던
누렁이의 선한 눈매를 닮았을 것 같은,
떨어져 나간 간판의 글자 하나쯤
아무렇지 않은,
만나 보면 사람 좋은 웃음 넉넉할 것 같은
문 활짝 열린 그 집 시루에선 아지매들 사투리처럼
구수하게 쑥 털털이가 익어 가던
개떡 방앗간

아버지의 고기쌈

동네 잔칫집이라도 생겨야 겨우
돼지 비곗덩이라도 구경할 수 있었던 시절
아버지 따라 갈빗집이란 곳엘 처음 갔던 건
내가 초등학교 졸업하던 날이었다

"상추를 요래—가
요고하고
요고하고 요래 해 가
요래요래 해서
요렇게" 하며

당신 주먹만 한 고기쌈을 어린 내 입으로
욕심껏 밀어 넣고는 허옇게 웃으셨는데

나는 지금도 그 맛을 잊을 수 없어
아버지 하시던 방법 그대로
큼지막한 상추를 손바닥에 올려놓고

고기 한 점 양념장에 찍어
파절이와 마늘 한 쪽을 그 위에 얹고
상추를 오므린 다음 미어터지게
입 안으로 밀어 넣어 보지만, 왠지
손때 묻은 물건 하나를 잃어버린 것처럼
입 안 어딘가 허전하다

DMZ

나비 한 마리
초병의 삼엄한 경계 뚫고
붉은 고딕체의 경고문 섬뜩한
철조망에 앉아
곡예사의 합죽선 같은 날개를
접었다,
폈다
이쪽과 저쪽 오가며
날개의 비늘만큼 기운
정적의 무게
맞추고 있다

감나무

누굴까
저,
꼭대기 마을
까치집까지
새벽
눈길 쓸고 간 사람
그 사람.

나도 수묵의 풍경이 되고 싶다

하고 싶은 말 어찌 다 하고 살겠느냐는
그 말을 하고 싶은 듯, 늦가을
파란 하늘 드문드문
말 종종이 같이 남아 있는
오래된 감나무 까치밥처럼, 나도 가끔
잎 다 떨군 가을 문장 속
수묵의 풍경이 되고 싶을 때 있다

안개

죽은 동물의 사체나 다른 놈들이 핥다 버린
뼉다귀 앞에서 송곳니 드러내며
저희끼리 으르렁거리기도 하고, 더러
사자의 사냥감을 낚아채기도 한다는 하이에나처럼
무리 지어 다니는 저놈들
물총새와 개개비와 어린 고라니와 굴뚝새가
아직 곤한 잠에 빠져 있는 갈대 숲 속에서
무슨 짓을 한 거지?
분잡한 시골 오일장 한 구석
순식간 판돈 쓸어 담은 야바위꾼같이
아침 햇살 퍼지기 전 황망히 사라지는 저것들
저기서 도대체 무슨 짓 한 거야
무슨 작당한 거지?

노을 질 무렵

담벼락에 올라 한참 동안 밀잠자리 노리던
늙은 고양이의 가슴털이 부드럽게 날리는 때

그 밑에 심어 놓은 키 껑충한 옥수숫대 꽃가루
은밀한 외출 기도하는 때

옥수숫대 타고 오른 굼벵이가 천천히
젖은 날개를 말리는 때

모깃불 푸성귀가 툭툭 소리를 내며 마당 가운데
푸른 연기 피워 올리는 때

모깃불 마주한 나와 내 동생 콧물 훌쩍이며
불알같이 쪼그라든 조랑감자 굽고 있을 때

조금씩 움직여 바람길 열어 주는 아주까리 넓은 이파리처럼
내 마음 한 군자리 비워 주고 싶은 때.

해바라기

적막한 여름 한낮
담 너머 할머니네 풍경인데요
젖가슴 다 비치는 속옷차림의
할머니가요
웃통 벌거벗은 할아버지를 재촉하는
모습을요
침 꼴깍 삼키며 발돋움하던
우리 집 해바라기가요
등에,
사정없이 찬물 한바가지 쏟아부은 할머니와
혼비백산 아이처럼 줄행랑치는 할아버지를
숨어보다,
저도 모르게 그만
뱃살 출렁이며 허리를 뒤로 젖힌 할머니 따라
파안대소하네요

소광리 금강송

울진 소광리 금강송이
호랑이 발톱 같은 그 억센 뿌리로
지구를 꽉 움켜잡고
아득한 하늘의 과녁을 향해
제 몸 스스로 화살을 쏘아 올린 것은
한낮의 햇빛처럼 팽팽하던 우주의 균형이
어느 날 갑자기
흑백의 시간 속으로 끝없이 추락할 때
배를 묶어둔 항구의 닻처럼
지구 중심을 단단히 묶어 두기 위함인데
지금도 소광리 솔 숲 어둠이 내리면
균형 잃은 어느 별똥별이 남긴
불빛, 사라져 갈 때마다
바람이 읽어 내리는 성자들의 경문
경건하게 들린다

나는, 아직 그 나물 이름을 알지 못한다

날콩가루 버무려 쪄 낸 다음 간장에 무쳐 내면
투박한 칼국수 면발같이, 툭툭
잘 끊어지기도 하고
정월 대보름이면 어김없이 얼굴 내밀어
콩질금과 함께
별다른 양념 없이 온 식구 둘러앉아
놋 양푼에 참기름 뿌려 쓱쓱 비벼 먹던
그 나물 이름이 뭐냐고
여전히 쪼그려 앉아 나물만 뜯고 있던
일분이 누나한테 물었을 때,
맛이 어떠냐고 묻는 줄 알고
구시데이라고 말한 것도 같고
구시랭이라고 말한 것도 같은데
때마침 봇도랑 흐르던 물소리 때문인지, 나는 아직도
줄기가 하늘로 오르지 못하고 땅바닥에 엎드려
구시렁거리듯 뻗어 나가는 그 나물 이름을
알지 못한다

제2부

그녀의 할아버지는 쿠바에네깬이었다

— TV를 통해 본 쿠바의 어느 한인동포 이야기

그림을 그린다는 마흔두 살, 자신의 모습보다 할아버지에 대한 기억이 선명한 그녀의 이름은 발렌시아라고 했다. 발렌시아 안! 지구의 반대편 헤밍웨이의 바다 위에 지금은, 젊은 난민들이 그녀의 할아버지가 그랬던 것처럼 "돌아오마" 고 떠나는 나라. 햇빛마저 낯선 세월의 등 뒤에서 평생의 한恨이었을 어머니를 부르다가 대낮같이 훤히 눈 못 감고 가셨다는 그녀 할아버지는 순홍 안씨 에네깬이었다고, 연필에 침 묻히듯 또박또박 말하면서 모국어가 서툴러 미안하다는, 그녀의 작품 '출생의 비밀' 에는 지금도 손 내밀면 앉았던 자리 훌훌 털고 일어나 훠이훠이 소맷바람 일으키며 앞장설 것 같은 1905년의 늙은 조선 청년이 푸른 이내처럼 슬픈 이국 하늘을 오래도록 바라보고 있다.

우리 마을 김 씨 아저씨

법 없이도 살 사람, 우리 마을
김 씨 아저씨가 죽었다
목도열병 걸린 벼 이삭처럼
하얗게 혓바닥 말라 죽었다

거름을 나르던 그날도
처음엔 아지랑인 줄 알았다 그랬지
소문 부풀린 낮달인 줄 알았다 그랬지

조상대대로 내려오던 상답 관자놀이
측량 기술자의 삼각받침대가 놓이고
붉은 말뚝이 박힐 때까지
서울 누군가의 땅이 될 줄 몰랐다 그랬지

백주에 이런 일이
어떻게 있을 수 있느냐고
똥물을 토하며 울부짖던 김 씨 아저씨에게

촌로의 무너진 억장을 측량하는

그런 법은 없었다

법 없이도 살
우리 마을 김씨 아저씨는
법이 없어 죽었다
하얗게 혓바닥 말라 죽었다

화단 참사

꽃이 시든 뒤 누군가 내다 버린 1회용 화분의 알뿌리 화초나 오며 가며 받아다 뿌려 놓은 여러 종류의 꽃씨와, 붙박이로 심어져 있던 장미가 서로 엉켜, 처음엔 저희끼리 다투기도 하더니 어느 결 질서를 찾아 작은 숲을 이루었던, 내가 살고 있는 다세대 빌라 화단의 꽃들이, 일제히 옥상으로 올라가 높은 망루를 짓고 핏빛 붉은 구호를 외치며, 요지부동 자신들의 몸 스스로 가시넝쿨 친친 동여맨 채 시위를 벌이고 있다. 레미콘 불러 순식간 화단의 흔적 지우고 감쪽같이 주차장 만들었던 2009년 1월 가장 쌀쌀했던 날 밤, 불면에 시달리다 어렴풋 잠들었던 꿈속에서.

FTA

상등급은 받을 거라 생각했던 추곡 수매하던 날
알곡 같은 자식 다 떠난 마을 정자나무 아래
아직 남아 있는 지난여름 홍수의 흔적 같은
얼굴 골짜기 깊은 쭉정이들 몇
술추렴하고 있다
술잔이 한 순배 도는 동안
괄괄한 배추 겉절이 같은 추임새 들릴 법하건만
어제 저녁 뉴스를 보았음일까
울컥울컥 저 속 어디서 끓어오른 듯한 뜨거운 목젖
애써 눌러 삼켜 보지만
헛헛한 촌로들의 마음
들쑤시는 잇몸처럼 자꾸만 솟구친다

호모사피엔스사피엔스

무한정 파먹거나 욕심껏 다 뽑아 쓴
사각 티슈 빈 껍데기뿐인지도 몰라
그래서 제 몸 가누기 힘겨운 여름과 겨울
억수 같은 눈과 빗물로 허기진 속
달래려는 것인지도 몰라
하루와 일 년의 시간들이 금방 지나가 버리는 듯한
착각도, 결국
열기구나 고무풍선처럼 속 텅 빈 지구가
멀고 먼 우주의 바람을 타고
빠르게 날아가 버리기 때문인지도 몰라
그러다 불시착한 어느 별 척박한 골짜기에서
곰팡이처럼 번식하고 적응하며 살아남아
밤하늘 가장 희미하고 초라한 별 하나 내려다보며
사람들은 그곳에서도
녹아내린 북극의 빙하수와
검게 말라 버린 사막의 우물 하나 두고
아귀다툼 벌일지도 모르는 일

도굴꾼에게 파헤쳐진 미래 시대
우리 역사일지도 몰라

동해안 오징어

오랜만의 일이다
저녁 아홉 시
아내와 단둘이 식탁을 마주한 것이
짧은 순간
식용유같이 맑은 침묵이 흐르고
TV 뉴스가 시작됐다
나의 아내로 살기 위해 일상의 이름을 버린 아내는
무릎 불거진 추리닝 바지가
나보다 편하단다
"오늘도 시청 앞 광장에선 촛불에 대응한 맞불시위가……"
나는 아내의 남편으로 살기 위해
무엇을 버린 적 있었던가?
"기자 회견장에서 자신이 무엇을 잘못했는지
말해 보라고 따져 물었다"는 말도 전한다
때로는 아이들 이름보다 먼저
아내의 이름 꼼꼼히 적어 보리라

광고에 밀린 뉴스는 사출공장 성형물처럼
꾸역꾸역
동해안 오징어가 최악의 흉어라고 전하는데
아내가 물컵을 내밀며
그놈의 오징어도 엔간히 시끄러웠던 모양이라며
우리도 떠나자는데
나는 그저, 국에 만 밥을 우악스럽게 몰아넣고
우물거릴 수밖에

2014. 4. 16

오히려 바다는
자식 배웅하며 내젓던 노부모의 손짓같이
어서 가라는 듯
어서 멀리 안전한 곳으로 피하라는 듯
파도 그리 높았던 것일 뿐, 아이들아
너희들을 그 차가운 물속으로 등 떠밀었던 건
바로, 시시각각 차오르던 공포 속에서도

"나는 괜찮아요
어쩌면 마지막일 것 같아 말씀드려요
부모님 사랑합니다" 며

너희들이 위로하던 어른들이었지
어른보다 더 어른스러웠던 너희 스러져 간 그곳이
너희는 없는 나라
권위만 찾는 나라
그곳처럼

한 치 앞 내다볼 수 없는 캄캄한 나라
대한민국의 민낯이었지
너무나 착했다는 것
어른들을 믿었다는 것
이것이 너희들의 죄였다면, 아이들아
부끄러움 모르고 너희 빈자리 바라보며
알량한 눈물 짓던 이 땅 어른들에게
용서 따윈 베풀지 마라
돌아서면 또 잊어버릴
사랑한단 말도 하지 마라

매미

으으, 소리 내어 우는 것만이 네가 할 수 있는 일의
전부였던
대학을 졸업하던 그해
여름

가을비

비가 내린다
지난 장마철에도 내리지 않던
비가, 철 지나 내린다
콘크리트 옹벽 기어오르다 처져 내린
담쟁이처럼 죽죽 내린다
주름진 농부들
동냥 젖 나눠 대며 근근이 심은 나락
알곡 드는 일이라며 한숨 짓지만
아랑곳없이 내린다
멀쩡한 보도블록 걷어 내는 인부들처럼
표정 없이 내린다
한 해 동안 다 써 없애야 할 구청 살림살이같이
하늘의 곳간,
올 한 해 가기 전 텅 비워 내야 할 것처럼
줄기차게 내린다

산에게 미안하다

품삯으로 받은 떡 한 덩이 머리에 이고
귀갓길 재촉하던 고갯마루
호랑이는 말했다지?
떡 하나 주면 안 잡아먹겠다고
아이들 기다리는 집은 멀기만 한데
고개는 마지막 고개
굴러서라도 남은 몸뚱이
집 찾아가려는데
호랑이는 천천히 그마저 삼켰다지?
수풀 우거진 가슴팍 도려내고
골프장 지었다지?
바위 산 짓뭉개고
대리석 캐낸다지?

제조원과 판매원

저녁을 준비하던 아내가 한창 끓고 있는
콩나물국 소금 간을 맞추다 말고
가물가물 소금 통 옆구리를 기어 다니는
서해안 갯벌 염생 생물 같은 표기 사항을
다 읽고 나더니
혼자 뭐시라 하는데, 요즘은
수박도 줄 지우면 호박이 되는 세상이라고도 하고
콜럼버스가 발견했다는 원주민들의 앞마당과
호리와 이웃 마을도 부득부득 우기면
눈부신 신대륙이 될 수 있는 거라며
뚝배기처럼 부글부글 거품을 토하는데
식탁에 앉아 있던 나는 그 말이 도무지
뭔 소린지……

유리 상자 속의 세상

엘리베이터에서 내려
은행 무인 창구엘 잠깐 들렀었지
그리고 천천히 지하 주차장을 빠져나와
점멸등 깜빡이는 횡단보도 앞에 잠시
서 있었던 것도 같고
간혹 가로수나 교량 난간 뒤편, 금방이라도
내 목덜미를 향해 달려들 것처럼 번들거리던
굶주린 도둑고양이의 눈빛을 마주한 기억 빼곤
오늘 출장 나쁘진 않았지
그런데 어딜 갔다 왔지?
그 길의 제한 속도가 몇 킬로였더라?
다시 검게 변한 하늘
빗속, 이삿짐 대행업체의 고가사다리같이
가물가물한 내 기억의 전부를 하청받은
엔터키를 누르기 전,
배터리 잔량 표시창이 깜빡인다
세상과 연결된 내 방 콘센트는 여전히

기계실 무인감시 카메라처럼
유리 상자 속 나를 부라리고 있다.

참새들의 대화

으하하하, 덩치는 산만 한 게
우리에게 먹을 것을 갖다 바치다니……

베란다 창살에 매달아 놓은 참새 빈 모이통에
좁쌀을 채워 주는 내 뒷모습 바라보던 아내가
유쾌하게
참새들의 대화를 번역해 준 말이다

산만 하다는 건,
산보다 크지도 않지만
작지도 않을 터

어릴 적 듣던 할머니 이야기 속 호랑이는, 죄다
덩치가 산만 했었지
그래서 제 한 몸 다 감출 수 없는 산에서 내려와
어느 호사가의 거실에 찬란한 호피 제복 벗어 던지고
서커스 공연장이나 동물원으로 스스로 걸어 들어가

이글거리던 눈동자와 어깨에 들어간 힘, 쭉 빼고
티컵 강아지나 고양이처럼 안온한 사람들 품에 안겨
단추가 채워지지 않는 제 주인 배꼽께 검게 돋은 털을 보며
잡초 듬성듬성한 어느 민둥산 지날 때의
배고픈 기억이나 떠올리고 있는
가련한 호랑이를 생각하면, 으하하하
머지않은 미래엔 모두가 우리에게 먹을 것을 갖다 바치고
우리를 주인으로 섬기는 그런 날 오리라는
잠꼬대 같은 참새들의 대화를.

어느 날 문득

제각기 흩어졌던 시곗바늘이 가로등 없는 퇴근길 재개발 단지 언덕길이나 한겨울 빙판길 오르다, 아래로 휘청 미끄러져 내릴 때, 일체의 물고기를 거둬들인 지상 수십 미터 폭포수는 어느 조그만 계곡을 역류하고 있을 것이며, 조금 전 손짓까지 해 가며 호기롭게 술잔을 기울이던 내 모습과 종량제 쓰레기봉투 사이, 검은 비닐봉지 슬쩍 던져 놓던 어느 중년 아주머니와 담 너머 우물가에서 들려오던 옆집 동갑내기 계집아이의 등물 끼얹는 소리에 동생 놈 등짝을 딛고 훔쳐보던, 내 유년의 모습과 기어이 울음 터뜨리던 그 계집아이의 모습도 만날 수 있으리라.

먼 우주로부터 공짜로 받아 펑펑 써 온 일상의 시간들이, 연료 떨어진 자동차처럼 길바닥에 덜컥 멈추어 서게 되는 어느 날.

영일만 신항
— 간척공사

산도
산이 시끄러워
산에서 내려와
비틀거리는 발자국 소리
들리지 않는
바다 속으로 들어간다.

오래된 풍경

몇 해 전부터, 범어동 458번지 일대에
고층 아파트며 오피스텔이 들어서면서
보상받지 못한 두어 평 하늘이
덩그러니
장미 가시에 걸려 흩날리는 검은 비닐봉지같이
1인 시위하고 있다

산을 내려오다

마을 뒷산으로 저녁 산책을 나갔다가
집 나온 아이처럼 머뭇거리는
어둠을 만났습니다
동네에 굴삭기가 들어와
아파트를 세우면서, 한때
못[池] 밑 넓은 들을 부리던 산은
변두리로 내몰리고
자기도 도둑고양이 눈빛 같은
아파트 불빛 때문에
산을 내려가지 못하고 벤치 위에
쪼그려 앉아 밤을 새운다며
풀죽은 모습으로 숲 속을 향하는데
나는 그를 불러 앞세우고
조용히 산을 내려왔습니다

세상 살아가기 위한 방법 한 가지

만약, 용궁에 따라갔던 토끼가 길 떠날 채비하는 옛날 양반들처럼 저고리 위에 조끼, 조끼 위에 마고자, 마고자 위에 두루마기까지 차례대로 다 갖춰 입고 난 뒤, 비로소 머슴을 앞장세웠듯, 햇빛에 늘어놓았던 오장육부 차곡차곡 쟁인 다음 거울 앞에서 한참 더 해찰부리다 거북을 따라나섰다면, 그는 아마 이 세상에 살아남지 못했을 것이다.

공연스레 쓸개라도 있는척 했더라면, 허구한 날 멱살잡이나 전기톱으로 문을 부수는 익숙한 풍경을 전하는 저녁 TV 뉴스처럼 할머니 무릎 위의 어린 시절 나는, 주야장천 달 타령만 들어야 했을지도 모를 일이다. 때로, 가슴이 답답하거나 속이 메슥거릴 땐 용궁에서 살아 돌아온 토끼처럼 속 텅텅 비울 일이다. 괜히 쓸개라도 있는 척하지 말고 다 비울 일이다.

제3부

장마 1

새로 생긴 물웅덩이처럼
하늘 군데군데 구름 걷힌 오후
대엿새 만에 보는 햇빛이
저도 반가웠던지
묵묵히 담벼락에 기대 있던 해바라기가
꾹 다물었던 꽃잎 열어
해시시 웃는다

장마 2

꼼짝 않고 몇 날 며칠
산봉우리 하나 품고 있던
안개 걷히자,
백로의
둥지 속이 좁다

입춘 무렵

허어, 참
허어 그것 참

이쁜 봄이
저 이쁜 봄이

길 잃은 강아지 모양
도심을 떠돌다
시꺼먼 하수구 개골창에
빠졌다

잘방잘방
아이같이 이쁜
맨발의 서 어린
봄이

내비게이션에 묻다

그래, 일체의 곡선을 허용하지 않는 대목장의 먹줄
같이
곧은 지름길 찾아
초록의 봄처럼 갈 수 있다 치자
초면의 겸손이나 인자한 저녁 황혼으로부터
자유롭다 치자
차 창밖, 나를 향해 손 흔들어 주던 느릿한 시간들
나와는 상관없다 치자
그러나 지난 계절
환호하던 나뭇잎에 대한 바람의 기억으로부터
너무 먼 길 달려온 나를 찾아
길 떠날 수 있을까
어릴 적 뛰어놀던 돌담 아래
구부러진 골목길
달빛처럼 조곤조곤 찾아갈 수 있을까
그때도 대목장의 먹줄 같은 지름길
찾아갈 수 있을까

새벽 들판에서 보다

아슬아슬한 풀잎 끝의 균형이
기어이 무너지던 새벽 들판에서
나는 본 적 있다

무리들 중 한 마리가 변을 당한 뒤부터
사나운 눈빛과 날카로운
발톱 드러내며
기를 쓰고 바짓단 물어뜯던
싸늘하게 빛나는 숨겨진
이빨을

A병동 802호

맛난 거
예쁜 거
편한 것,
그 밖의 내가 원하는 모든 것
그것이 무엇이든 들어주셨잖아요
어머니, 나 오늘
또 이렇게 뒹굴며 떼를 씁니다
하던 일 멈추시고 득달같이 달려와
떨리는 손으로 이마를 짚어 주시던
나 중학교 다니던 그때처럼
이름 한번 불러 달라고
눈 한번 떠 달라고

가을 단상

한로 지나 상강霜降
나도
저 들판 어디
한나절 시냇물처럼 누워 있으면
속 훤히 맑아질 수 있을까
깃털같이 많은 생각
훌훌 털어버린 갈대마냥
가벼울 수 있을까
그리하여 투영된 내 모습
잠자리 날개 위에 내려앉은 햇살처럼
명징해질 수 있을까

길을 잃다

할아버지 한 분이 전깃줄에 앉아 있다
왕방울만 한 눈곱을 떼 내려는 것인지, 아니면
자꾸만 눈으로부터 멀어져 가는 삶의 윤곽
잡아 두려는 것인지
거칠게 고개를 한 번 도리질 치며
공복의 헛기침을 돋워 올리고 있다
그 옆에 또 한 분의 할아버지가
누른 이를 드러내며 알은체를 하는데
연이어, 한 무리의 할머니와 할아버지가
왁자하게 내려앉는다
어떤 할아버지는 처음 할아버지의 앞에 앉으려다
잠깐의 실랑이와 면박을 당하기도 하고
또, 어떤 할머니는 운수가 궁금하다며
화투장을 펼쳐 놓고 눈짓으로
사람을 모으는 한편, 익숙한 손놀림으로 화투를 고르는데
다른 모든 사람들은 그림자처럼

제 자리 찾아 앉으며 잠시 털 고르기를 한다
이제는 보이지 않는 사람의 안부나
잘 나가던 옆 사람의 왕년 호기 따위는
무료급식소 멀건 콩나물국보다
싱거운 얘기가 된 지 오래다
저 깊은 하늘 작정하고 들어도
어찌해 볼 도리가 없는 건, 하늘은
날아간 새의 발자국을 남겨 놓지
않기 때문이리라
한 무리의 할머니와 할아버지가 나란히 전깃줄에 걸터앉아
어미 제비의 먹이를 기다리는 사이
무료한 시선은 일제히 자동차 경적 소리 따라
북비산 네거리 좌회전 신호를 좇다 바뀐
직진 신호에 그만 길을 잃고 우두커니 서 있다

기상이변

노인들
우주의 그늘에 모여 앉아
심심풀이 바둑을 두고 있다

한참 동안 미동 않던 한 노인
묘수를 찾은 듯
소매 저고리 부딪히는 소리 서걱대며 자세를 바꾸자

마른하늘 벼락이 떨어지고
천둥이 친다

맞은편 노인
신음 같은 한숨 길게
내쉬자

억수 같은 비바람
몰아친다

둘러앉은 노인들 하나둘씩 말추렴하자
처음의 노인
판을 엎는다

이변이다
유래 없는 대이변이다.

나팔꽃

아내를 부를 때
'여보' 라든가 '자기' 라고 부르기엔
어쩐지 열없고 낯간지러운 것 같아
그냥 '어이' 라고 부르거나
'애기 엄마' 라고 부르다가
오늘 아침, 잊고 있던 씨방 속 까만 씨앗 같은
아내 이름 부르자
지난봄, 베란다 화분에 심어 놓은 나팔꽃
활짝 피었습니다

노을

홍시를 따려다
아차 그만, 위태롭게 매달려 있던
저녁 해를 건드렸다
말랑말랑 바늘 끝 닿은 물 풍선같이
뾰족한 장대 끝 스치자
입 안 가득 번지는
달달한 저녁노을

벚꽃

화사한 처녀들의 수다처럼
거짓말도 저런 거짓말 같으면
괜찮겠다

겨우내, 시침 뚝 떼고
바지 속 깊숙이 불알만 만지작거리다
참말보다 부풀었던 몽정의 기억같이
허망하게 꽃잎 져 내리는
저 꽃말이다

봄

어쩌자고,

어쩌자고 대책도 없이

하늘과 맞닿은

나무의 궤적 따라 올라간

어린 고양이처럼

오도 가도 못한 채

파랗게 떨고 있는가

시골 텃밭 배나무

심은 지, 사오 년
올해는 실하게 달렸을 거라 기대했던
시골집 텃밭 배나무가, 올여름도
제 그늘 아래 바둑판만 펴 놓았던 것인지
고추를 따러 갔던 그 날도
대문 들어서는 나를 보고 제풀에 놀라
허둥지둥하다가
누런 호박 한 덩이 안고
천연덕스럽게 서 있다

빈집

소나기 지나간 뒤
거미가 줄을 고른다
줄감개를 늘였다
줄였다 튜닝하는 사이
적막하게 맺혀 있던 안단테 느림 음표가
후두득,
붉게 녹슨 함석지붕
사운드 홀에 떨어진다
처마 끝 브리지 핀에 걸린 팽팽한 햇빛이
잡초 드문드문 웃자란 객석
빈자리에 내려앉자
매미들의 합창
일제히 울려 퍼진다

아지랑이

신천 둔치 잔디밭에서
무언가 열심히 설명하다, 기어이
앞장서 또박또박 걸어 보이는 어린 손녀 따라
한쪽 팔다리 불편한 할아버지가
작년 봄, 쓰러지기 전 자신의 뒤를 따라
뒤뚱뒤뚱 걸음마 떼던 손녀딸 앞장세우고
아지랑이 흔들리는 잔디밭 가로질러
비틀비틀 걸음마 배우고 있다

운문사 돌배나무 잎사귀

사람 그림자 하나 보이지 않는
운문사
넓은 절 마당이
하도 정갈해
담장 밖, 솔 숲 사이
나이 어린 돌배나무 잎사귀가
밤새
담장을 훌쩍 뛰어넘었나 보다
목탁 소리 청아한 비구니들의 일상이
몹시도 궁금했던가 보다
이른 아침
노랗다 못해 벌겋게 무안당한 낯빛으로
쫓겨나듯,
문밖으로 쓸려 나오는 걸 보면

친구네 할머니

당신 스스로,
사람 수명 예순을 다 잡숫고
염치없게도
귀신 수명 아흔을 훌쩍 넘겼다는
친구네 할머니 말씀이시다
"산다는 거 그거? 별거 아니야"
남들이 얘기하는 내일을 믿으며 의심하지 않는 동안
90년 세월이 손바닥에 내려앉은 눈송이처럼
흔적도 없더란다
이런저런 생각만 굴리다
사람 수명 훌쩍 넘겨 버린 다음에야
별것 아닌 것을,
별것 아닌 것처럼
생각의 한쪽 비울 수 있겠더란다
오뉴월 나락 논 물꼬 같은 세상 순리
비로소, 조금 알 것 같더란다

제4부

준경묘 소나무

맑은 날 오래된 나뭇가지나
절벽 바위틈에서 그 울음 운다는
어린 후투티*의 집을 지어 주려고
준경묘** 소나무는
아득한 날,
스스로 팔 벌려 서까래를 엮고
아름드리 기둥을 세워
사나운 비바람 잠재운 뒤
7월의 푸른 허공 속으로 걸어 들어가
전설 같은 용마름
엮어 내고 있다

---

* 여름 철새.

** 조선 태조 이성계의 4대 조부 묘. 강원 삼척 소재.

지구도 가끔은

마당 가득 햇살 푸지던 봄날 오후
완두콩 떡잎이 병아리 돋움 하는 걸 보면
지구도 가끔
세상일이 궁금할 때 있나 보다
사람들처럼 하루쯤 휴가를 얻어
어디론가 훌쩍 떠나고 싶을 때가
있는 모양이다

개나리 진달래 저 혼자 피었다 지는 동안
멍울진 자리마다
붉은 장미 저토록 서럽게 피워 내는 걸 보면
때론, 지구도
발바닥 간지러운
시냇물처럼
떠나고 싶을 때 있는 모양이다

어린것은 다 예쁘다

어린것은 다
예쁘다

꽃밭을 짓밟아 놓은
어미 염소 곁의 까만
눈동자를 보아라

잘 영근 도토리 주우려다
그 밑에 깔려 바동거리는
아기 다람쥐

그리고
지난밤 산고 치른 폭풍우
오늘 아침, 이토록
영혼 맑은 하늘과 착한 바람을
순산하지 않았는가

한 여름밤

극장 영사막으로 쏟아지는 빛줄기같이
갈대의 질긴 뿌리와
새로 돋은 미루나무 어린 줄기와
수초 우거진 우주의 저쪽,
안개 고요한 어느 강가 풍경을 보여 주려고
캄캄한 밤
영사실 불빛 같은 달 구멍에서
환하게 쏟아져 나오는 둥근 빛은, 밤새
필름 돌아가는 풀벌레 소리
감아올리고 있었나 보다

새벽에

신열로 벌겋게 앓던 밤
자작자작, 벽시계는
벽에서 내려와
이슥토록
거실에서 서성거렸나 보다

화분 정갈한 그 집

방범창을 새로 달고
베란다 문을 잠그고
중창 문 현관문까지 꼭꼭
걸어 잠그고
확인까지 했는데도
아무도 모르게 웅크리고 있다가
순식간 담장 뛰어넘는 도둑고양이처럼
또, 방범창 뚫었나 보다
오늘은 아예 작정하고 들어와
한나절,
머물다 간 모양이다
아침에 보지 못한 홍구절초
저리 붉게 피워 놓은 걸 보면
한참 동안 앉아
졸기도 했던 모양이다
화분 정갈한 반지하

손바닥만 한 그 집
베란다에서

감포에서

보채던 겨울 바다
경주 감포
전날 밤 과음한 바다는
아직 늦잠 중인데
바닷물보다 하늘이 시린
저 넓은 바닷가 백사장 한 귀퉁이에서
딸 아이
저를 닮은 돌멩이
주워 모아
그 조그만 손으로
공기놀이하고 있다

목련에게

네 속살 열던 그 밤
나 말고 누구냐?
숨 못 쉴 만큼 아름답던 너의 나신
몰래 훔쳐보던 그놈,
하얀 밤 꼴딱 새우며 침 질질 흘리던
그놈,
안 그런 척하면서 몸 구석구석
희롱하며 탐하던 그놈,
온갖 야한 상상 다 하다 멀겋게 뜬 눈으로
새벽 산등성 쫓기듯 넘어가던 그놈
날도적놈 같은
그놈이.

목련꽃 필 무렵

어머니 젊으셨던 그때
그때는 왜 그렇게 무명옷뿐이었는지요
한 해 농사
소작료 내고 모곡하고 공출 떼이고 나면
누가 먼저랄 것 없이
때 이른 햇순이나 풀뿌리 찾아
민둥산 서럽게 피어오르던 그때,
빨래터 아낙들의 붉게 언 손 끝에서
눈물 꽃 하얗게 피어나던
어머니 젊으셨던 그때 말입니다

멍

비스듬히 하늘에 기댄 탱자나무 가지가
왜 푸른지 아니껴?
그건 말이시더, 이름 먼저 손등 꼬잡던
오래전 그 아이 맵짠 손끝같이
가을걷이 끝난 들판 저 너머 하늘이 하도 푸르러
탱자나무 가시가 바람결에 한번
슬쩍 찔러 본 건데요
아뿔싸, 꼬잡힌 자리 엷게 든 멍 자국 같은 푸른 물이
주루륵
가지와 줄기를 타고 흘러내렸기 때문이시더
시방, 탱자나무 울타리 너머 흰 구름이
햇솜 같은 구름이
코스모스 맹기로 점점 야위어 가잖니껴
하늘의 상처를 가만히 감싸고 있잖니껴?

매화

둥지 속 곤줄박이처럼
대지의 소요
미동 없이 품고 있던 빗방울
툭, 떨어지더니
꽃
피었습니다

새파랗게 별빛 돋아나던
비 그친 봄
밤

놀이터에 누가 있다

아이들 하나둘 집으로 돌아간 뒤
덩그러니 비어 있는 놀이터
누가 있다

말랑말랑 알에서 부화한 어린 가재처럼
낮 동안 뛰어놀던 아이들 발자국
가만가만 따라 걷다가
철봉대에 슬그머니 매달려도 보고
미끄럼을 타다가 혼자인 게 멋쩍은 듯
희미하게 웃어 보기도 하는

아이들 집으로 돌아간
밤 깊은 놀이터

누가 있다

단풍에 대한 기억

키우던 화분이 궁금해 옥상에 올랐을 때
사방 은신해 있던 햇빛의 기습
따갑게 받고 난 그날 저녁
얼굴이며 팔뚝이 쓰라려 잠 못 들고 끙끙 앓았던
기억 있어
여름 내내 한의원 장침 같은 햇빛
몸속 뜨겁게 지닌 채,
용케도 어지럼증 견뎌 온 숲 속 가을 단풍을 보면
호랑이 울음 같은 신음 소리 들린다
불면의 기억 벌겋게 달아오른다

단풍잎

신호를 기다리던 중
반쯤 열린 창문 사이로 마른 단풍잎 하나
조수석에 내려앉는다
무심코 버리려다
오므린 손가락 펼쳐 본 순간
아! 이런
도시의 막내아들 집 찾아 먼 걸음 하셨던 그날
까맣게 적혀 있던 어머니 손바닥같이
봄부터 표시했을 나뭇잎 앉을 자리
손금처럼 선명한 축척도 한가운데
바로 그 자리에 서 있는 나는
무엇을 적어 본 적 있었던가
단풍잎처럼

담쟁이덩굴

— 옥상에서 몸 던진 어느 장애인에게

소슬한 바람에 나뭇잎 조금 흔들렸을 뿐
여전히 강물은
소풍 길 떠나는 유치원 아이들처럼 두리번거리거나
재잘댈 것이며 흰 구름 또한
눈부신 빨래같이 하늘 서쪽으로 흘러갈 것이다
그토록 갈망했던 평범한 일상이,
스스로의 행동을 위한 몸부림이
창문 밖
담쟁이덩굴 억세게 기어오르던 골목길 담벼락 향해
몸 던진 것이라면
네 삶의 무게만큼
지구의 몸무게가 가벼워졌어야 했다
유형의 땅, 아득한 수직의 절벽이
담쟁이 삶의 유일한 희망이었다면, 너는
너를 사랑한 누군가의 전부였지 않느냐

나는 남성현역驛이 좋다

나는 남성현역이 좋다
하루에 한두 번씩 짧은 만남이지만
사람 소리보다 풋말에 익숙한
종착역이나
머릿속 버릴 것 다 버리고 앉았던 자리 온기마저
깨끗이 지워 버린 시발역에 비하면
말갛게 달뜬
아이들이 깜빡 잊고 간 문방구 뽑기 인형과
종착역 크리스털 등불보다 잘 익은
아낙들의 웃음소리가
청도 반시처럼 햇살 가득 반짝이는
나는 남성현역이 좋다

귀뚜라미 소리

꼬투리 속 둥근 달
노랗게 익어 갈 무렵
귀뚜라미 소리
가만히 듣고 있다 보면
내일이나 모레 저녁
깍뚝 썬 애호박과
듬성듬성 칼질한 대파와
청량고추 칼칼한
햇콩으로 담은 청국장 뚝배기
식탁 위에 오를 것 같다

밀양강

"이따가 통화해요
열차는 지금 철교 위를 지나고 있어요"

안부를 묻는 내 문자에 대한
그녀의 답장 이후

어린 시절,
제대로 지켜진 적 없었던 할머니의 약속 같은
'이따가' 의
말의 깊이를 몰라, 나는

물들고 싶었다
우두커니 바라보던 강물처럼
붉어지고 싶었다

현실을 가로질러 얻어진 '수묵의 풍경'

송 기 한
(문학평론가 · 대전대 교수)

김홍기 시인이 신작시집 『해평습지』를 상재했다. 그의 시는 서정과 서경, 서사의 경계를 넘나들며 다양한 스펙트럼을 보여 주고 있는데 이러한 변주가 궁극적으로는 온전한 서정적 동일성의 세계에 대한 그리움과 지향에서 연원한다는 데 그 특징이 있다. 그렇다고 김홍기의 시가 현실과 유리된, 음풍농월식의 자연 예찬에 바탕하고 있다는 것은 아니다. 4부로 구성된 시집에서 현실에 대한 인식과 성찰을 드러내는 시편들을 2부에 따로 구성할 만큼 현실에 대한 시인의 시선은 깊고도 집요해 보이기 때문이다. 파편화된 유기성, 부조리한 삶, 훼손된 자연, 그리고 사회의 구조적 모순으로 인한 상처 등등 이 시집에서 다루는 주제들 역시 다대하고 광범위한 영역에 이르기까지 펼쳐져 있는 것이다.

그런데 이러한 현실을 직핍하게 드러냄에 있어서 서정의 감각에 대한 긴장을 놓치지 않는다는 데 김홍기 시의 특징이 있다. 단순히 정서를 농후하게 다룬다거나 자연을 소재로 한다는 것으로 서정성을 규정할 수 없음은 두말할 필요가 없다. 현실 초월 의지로서의 시적 상상력, 즉 현실에 의해 소외되고 분열된 주체의 회복, 이를 통한 세계와의 동일성 획득이라는 좀 더 적극적인 정신적 의지의 발현이 서정성의 요체이기 때문이다.

김홍기 시의 본령 또한 이와 같은 서정성에 있다고 할 수 있겠다. 다양한 층위의 현실에 대한 인식과 존재에 대한 연민, 그것에서 발원하는 서정성이 김홍기 시의 본령이기 때문이다.

1.

> 꽃이 시든 뒤 누군가 내다 버린 1회용 화분의 알뿌리 화초나 오며 가며 받아다 뿌려 놓은 여러 종류의 꽃씨와, 붙박이로 심어져 있던 장미가 서로 엉켜, 처음엔 저희끼리 다투기도 하더니 어느 결 질서를 찾아 작은 숲을 이루었던, 내가 살고 있는 다세대 빌라 화단의 꽃들이, 일제히 옥상으로 올라가 높은 망루를 짓고 핏빛 붉

은 구호를 외치며, 요지부동 자신들의 몸 스스로 가시넝쿨 친친 동여맨 채 시위를 벌이고 있다. 레미콘 불러 순식간 화단의 흔적 지우고 감쪽같이 주차장 만들었던 2009년 1월 가장 쌀쌀했던 날 밤, 불면에 시달리다 어렴풋 잠들었던 꿈속에서.

—「화단 참사」 전문

'FTA', '세월호 참사', '재개발' 등등 김홍기의 시에서 현실은 매우 구체적인 모습으로 등장한다. 인용한 시 또한 그 연장선에 놓인 작품으로 용산참사를 배경으로 하고 있다. '옥상', '높은 망루', '핏빛 붉은 구호' 등은 이를 지시하는 기표들이라 할 수 있는데, 결정적이고도 적확하게 '용산참사'를 지시하고 있는 것은 "2009년 1월 가장 쌀쌀했던 날 밤"이라는 시간적 배경이다.

제각각 다른 사연과 환경을 가진 다양한 계층의 인간들이 '서로 엉켜 다투기도 하다가 질서를 찾아 작은 숲을 이루었'던 것이 시인이 인식하고 있는 '용산'의 모습 혹은 기억이었다. 그러나 용산의 그러한 평화적 모습은 소위 인간의 물화된 욕망에 의해 철저하게 파괴된 모습으로 구현된다. 작품 속의 서정적 자아들이 "일제히 옥상으로 올라가 높은 망루를 짓고 핏빛 붉은 구호를 외치"게 된 것이 그 단적인 증거다. 그런데 이들이 왜 그 높은 곳에 올라가게 되었는가 하는 구체적 이유는 제시되고 있지 않으나 자신들의 몸을 스스로 '가시넝쿨'에 동여매었다는 대목에 이르러 이들의 절박함이 무엇에 기인한 것인지에 대한 이유가 어렴풋이 드러나 있다. 그럼에도 이러한 절박함은 '레미콘'으로 표상되는 거대한 힘에 의해 '순식간'에 너무도 간단히 지워지는 허약함으로 전화될 뿐이다.

시인은 그의 시에서 이렇게 소외되고 주변화된 타자들의 표정을 핍진하게 그려 내고 있다. "얼굴 골짜기 깊은 쭉정이들"(「FTA」), "똥물을 토하며 울부짖던, 하얗게 혓바닥 말라 죽은 촌로"(「우리 마을 김 씨 아저씨」), "대낮같이 훤히 눈 못 감고 가셨다는 에네깬"(「그녀의 할아버지는 쿠바에네깬이었다－TV를 통해 본 쿠바의 어느 한인동포 이야기」), "담쟁이덩굴 억세게 기어오르던 골목길 담벼락 향해 몸 던진 장애인"(「담쟁이덩굴－옥상에서 몸 던진 어느 장애인에게」) 등등이 그것이다. 시인이 이러한 표정들을 고집스럽게 포착해내고 있는 이유는 "대한민국의 민낯"을 드러내고자 함에 있다. "이들은 없는 나라", "권위만 찾는 나라", "한치 앞 내다볼 수 없는 캄캄한 나라"(「2014. 4. 16」)가 바로 시인이 인식하고 있는 '대한민국'이다.

이 외에도 시인은 "한 해 동안 다 써 없애야 할 구청 살림"을 위해 "멀쩡한 보도블록 걷어 내는 인부들"(「가을비」)을 집어내어서 관료주의의 병폐가 무엇인지를 고발하기도 한다. 또한 "기계실 무인감시 카메라"처럼, 자기검열을 포함하여 감시의 시선에서 결코 벗어날 수 없는 현대인을 "유리 상자 속 나"(「유리 상자 속의 세상」)로 묘파하기도 한다. 이처럼 사회를 향한 시인의 시선은 비판적이면서도 집요한 형

태로 나타나고 있다.

2.

현실인식이라는 측면에서 국가권력이나 사회의 제반 모순에 대한 시선이 김홍기의 시의 한 축을 이루고 있다면 또 다른 한 축에는 인간의 욕망에 대한 경계가 자리하고 있다. 그 상대적인 자리에 놓인 것이 문명화에 따른 자연의 파괴다. 이 감각이 처절한 반성과 성찰의 정서에 기대고 있는데, 그의 작품 흐름으로 유추해 볼 때, 이는 매우 당연한 수순이라고 할 수 있을 것이다.

품삯으로 받은 떡 한 덩이 머리에 이고
귀가길 재촉하던 고갯마루
호랑이는 말했다지?
떡 하나 주면 안 잡아먹겠다고
아이들 기다리는 집은 멀기만 한데
고개는 마지막 고개
굴러서라도 남은 몸뚱이
집 찾아가려는데
호랑이는 천천히 그마저 삼켰다지?
수풀 우거진 가슴팍 도려내고
골프장 지었다지?
바위 산 짓뭉개고

대리석 캐낸다지?

—「산에게 미안하다」 전문

인용한 시는 "해와 달이 된 오누이" 설화를 인유하여 자연에 대한 인간의 이기적·극단적 착취의 행태를 전면화하고 있는 작품이다. 이 시에서 '호랑이'는 인간의 극단적인 이기심을 표상하는 상관물이다. '호랑이'에게 자신이 갖고 있는 것을 다 내어주고 결국에는 온전히 삼켜지는 '어머니'가 바로 '산', 확장된 의미에서의 자연이 표상하는 바다. 이러한 맥락에서라면 인간은 어머니를 기다리고 있는 '아이들'에 대응된다. 그들은 어머니의 보호와 양육 없이는 생명을 유지하기 어려운 존재다. 그들에게 꼭 필요한 것은 모성적 환경이다. 끊임없이 생산하고 내어주고 돌아가고자 하는 자연의 속성은 바로 어머니의 그것과 상동의 관계에 있는 것이다.

어머니와 아이는 혈연으로 연결된 존재들이자 합일체였던 관계로 끊으려야 끊을 수 없는 유대를 담보하고 있다. 인간과 자연의 관계도 그 연장선에 놓여 있는바, 인간은 자연을 벗어나서는 자기보존조차 어려운 존재다. 그런데 아이러니하게도 자연을 돌이킬 수 없이 훼손하거나 삼켜 버리는 존재가 다시 인간이라는 사실이다. 자연이야말로 자신의 삶의 뿌리이자 근거지임에도 인간과 자연은 이렇듯 아이러니한 상황에 놓여 있는 것이다. 인간이 자연과 결코 분리된 존재가 아니라 할 때 자연을 훼손하는 것은 결국 인간 스스로를 파괴하는 것에 다름 아닌 것이다.

「호모사피엔스사피엔스」에서 시인은 지구를 “무한정 파먹거나 욕심껏 다 뽑아 쓴 사각 티슈 빈 껍데기”로 인식하고 있음을 알 수 있다. “억수 같은 눈과 빗물”이라는 이상기후도 무한정 파먹힌 지구가 “허기진 속 달래려는 것”으로 형상화하고 있다. 시인의 상상력은, 결국 지구에서 살 수 없게 된 인간이 “어느 별 척박한 골짜기에서 곰팡이처럼 번식하고 적응하며 살아남아” 그곳에서도 “녹아내린 북극의 빙하수와 검게 말라 버린 사막의 우물 하나 두고 아귀다툼 벌”이는 데까지 나아가고 있다. 이 시에서 시인은 그러한 파괴와 갈등 양상이 지속될 경우 결국에는 “도굴꾼에게 파헤쳐진 미래 시대”가 우리의 역사가 될 것이라고 경고한다. 그러한 경고가 시인의 예지력에서 길어 올려진 것임은 두말할 필요가 없는 것이다.

3.

그렇다면 김홍기의 시세계에서 훼손되기 이전의 자연, 인간과 분리되기 이전의 자연의 형상이란 어떠한 것일까. 자명한 것은 이러한 의미의 자연이 서정적 동일성의 세계와 상동적 관계에 있다는 사실일 터이다. 그의 시에서 서정성, 혹은 서정적 세계를 표상하는 시어를 찾는다면 “수묵의 풍경”(「나도 수묵의 풍경이 되고 싶다」)이라 할 수 있을 것이다. 다소 거칠고 호쾌한 필치 속에서도 감수성의 농담濃淡을 통해 섬세한 서정성을 환기하고 있다는 점에서 그러하다.

'수묵의 풍경'으로 표상되는 서정적 세계는 우선 계수적·합리적 이성의 거부라는 국면에서 확인된다. 다음의 시는 그 일단을 아주 극명하게 보여 주는 작품이다.

> 당진 어느 시골엘 간 적 있었다
> 시간에 쫓기다 놓친 점심을 위해
> 아내와 그 식당 문을 들어섰을 땐,
> 구석으로 밀려난 오후의 시곗바늘같이 한가한 주인 남자와
> 그의 동네 형이라는 사람이 연탄난로를 사이에 두고
> 막걸리 병뚜껑을 막 따던 참이었다
> 주문한 칼국수가 나오기까지
> 잠시 끊어졌던 그들의 대화는
> 도시에서 직장생활을 했었다는 주인 남자가
> 신용카드를 처음 써 보는 맞은편 형의 잔에
> 막걸리를 따르며
> 언제 어디서나 현금을 대신할 수 있으며
> 급할 땐 빌려 쓸 수도,
> 거래 실적에 따라 할인을 받거나
> 누적된 포인트는 현금처럼 다시 사용할 수 있다는, 마치
> 카드사 영업사원 같은 식당 주인의 이야기 내내
> 턱 밑 가까이에서 황소같이 선한 눈만 껌벅이던 형이
> 묻는다
> 그럼, 카아드사는 머얼 먹고 사는겨?
> 순간, 빨아올리던 칼국수 면발이 코와 입 사이

인중을 치자,
적당히 간이 된 국물 한 방울이 콧구멍 속으로 튀었다
큭.

—「큭」 전문

인용한 시에서는 '시골' 과 '도시' 로 대별되는 유대적 통합의 상상력과 합리적 이성의 세계가 충돌하고 있다. "신용카드를 처음 써 보는 형" 의 사고체계는 '시골' 이라는 유대적 서정의 세계에, "도시에서 직장생활을 했었다는 주인 남자" 의 그것은 '도시' 라는 파편적 상업의 세계에 속하는 것으로 볼 수 있다.

'시골' , 즉 서정의 세계에 놓인 시적 대상에게 있어 '도시' 라는 시뮬라크르의 세계는 도저히 이해할 수 없는 코드에 의해 구동되는 경우이다. '도시' 에서는 자기동일성을 확보할 수 없는, 실재하지 않는 가상이 현실을 추동시키는 동력이기 때문이다. 그것은 가상일 뿐이지만 대단한 포용력과 세련성을 내재하고 있어 현대사회에서 인간의 욕망을 끊임없이 재생산하는 기능을 수행한다.

최첨단의 합리성을 근간으로 구축되어 온 듯한 '도시' 의 체계는 "황소같이 선한 눈만 껌벅이던 형" 의 우문으로 균열을 일으키며 그 민낯을 드러내게 된다. 즉 '도시' 인들은 스스로 주체가 되어 '도시' 에서 제공하는 선의의 '베풂' 을 수용하는 것으로 느끼고 있지만 실제로는 그들의 욕망과 농밀하게 밀착된 가상의 체계에 의해 무의식까지 철저히 지배되고 있는 것이다.

한편 "그럼, 카아드사는 머얼 먹고 사는겨?" 라는 우문은 서정적 자아로 하여금 '큭' 하고 실소를 하게끔 만든다. 그러나 이는 단순히 우문에 그치는 것이 아니다. 그것은 찰나 일망정 기계적으로 구동되던 욕망의 메커니즘을 정지시키고 자본주의 사회의 민낯을 들여다보게 하는 날카로운 현문으로 기능한다. 세련되게 포장하고 있지만 잉여의 소득이 없으면 작동하지 않는 것이 자본주의 시스템의 절대적인 철칙이기 때문이다.

이처럼 서정적 동일성의 세계에 속하는 자아는 자본주의의 계수적·합리적 체계에 포섭되지 않는 존재다. 그것이 아무리 유대적 관계를 표방한 선의로 포장되어 있다고 해도 진정성을 근간으로 하는 서정의 세계에서는 그 본질을 드러내게 마련이다.

> 날콩가루 버무려 쪄 낸 다음 간장에 무쳐 내면
> 투박한 칼국수 면발같이, 툭툭
> 잘 끊어지기도 하고
> 정월 대보름이면 어김없이 얼굴 내밀어
> 콩질금과 함께
> 별다른 양념 없이 온 식구 둘러앉아
> 놋 양푼에 참기름 뿌려 쓱쓱 비벼 먹던
> 그 나물 이름이 뭐냐고
> 여전히 쪼그려 앉아 나물만 뜯고 있던
> 일분이 누나한테 물었을 때,

맛이 어떠냐고 묻는 줄 알고
구시데이라고 말한 것도 같고
구시랭이라고 말한 것도 같은데
때마침 봇도랑 흐르던 물소리 때문인지, 나는 아직도
줄기가 하늘로 오르지 못하고 땅바닥에 엎드려
구시렁거리듯 뻗어 나가는 그 나물 이름을
알지 못한다

—「나는, 아직 그 나물 이름을 알지 못한다」 전문

극단적으로는 명명을 통한 분별까지도 의미를 획득하지 못하는 세계가 서정의 세계라 할 수 있다. 서정의 세계는 통합과 유대의 상상력이 발현되는 동일성의 세계이기 때문이다. 위 시에서는 "온 식구 둘러앉아 놋 양푼에 참기름 뿌려 쓱쓱 비벼 먹던 그 나물"이 대상들 간의 동일성을 드러내는 상관물이라 할 수 있다. 그런데 주목을 끄는 점은 "나는 아직도 그 나물 이름을 알지 못한다"는 것이다. 인간의 인식에 포섭되지 않는 미지의 영역은 일반적으로 두려움의 대상이 된다. 인간이 끊임없이 분류하고 명명하고 인식의 체계 내로 대상을 포섭하려는 의지는 이러한 까닭에서 연원하는 것이다.

위 시의 서정적 자아는 이러한 본능에 가까운 인식 의지를 거부하고 있다. "구시데이라고 말한 것도 같고 구시랭이라고 말한 것도 같은데" 이러한 명명은 "봇도랑 흐르던 물소리"에 용해되는 양상을 보인다. 온 식구를 동일성의 범주 안에서 감각하게 하는 상관물이 '구시데이' 혹은 '구시랭이' 일지 모르는 '나물' 이지만 그것은 명명에 의해 분류되거나 한정되지 않는다. 명명이라는 인간의 인식 기능을 거치지 않더라도 대상 그 자체로서의 의미는 사상되지 않음을 간취할 수 있는 대목인 것이다. 이러한 인식에 이르게 되면 인간은 좀 더 겸허해질 수밖에 없다.

인간이 스스로를 낮추는 결정적 순간은 아마도 유한한 존재라는 인식, 즉 죽음에 대한 인식에 직면했을 때일 것이다. 죽음은 "어느 날 문득" 찾아오는 것이기에 그것에 대한 준비란 있을 수 없는 것이기도 하고 또 한편으로는 매순간 준비하는 것이 될 수도 있다. 시인은 죽음의 순간을 "먼 우주로부터 공짜로 받아 펑펑 써 온 일상의 시간들이, 연료 떨어진 자동차처럼 길바닥에 덜컥 멈추어 서게 되는 어느 날"로 묘파하고 있다.(「어느 날 문득」) 이 시에서 죽음의 세계는 의미와 경계가 무화되는 무위의 세계이자 무시간성의 세계로 구현된다. 세계 내의 경계는 대체로 자의적이거나 인간의 편리를 위해 만들어진 인위의 산물이라 할 수 있을 것이다. 인위적 경계, 즉 과거, 현재, 미래라는 시간의 경계와 선과 악, 미와 추, 순수와 비순수 등의 경계가 무화되고 서로 "만날 수 있"는 세계가 바로 죽음의 세계인 것이다.

이러한 맥락에서 김홍기 시의 '죽음'은 서정적 동일성의 세계에도 맥이 닿아 있는 것으로 볼 수 있다. 서정적으로 감각하는 것과 명명, 이해, 계산, 분별 등에는 상당한 거리가 존재하는데, 이러한 간극이 무화되는 것이 김홍기 시에서는 바로 죽음의 세계라는 점에서 그러하다. 보편적으로 죽음이란 종말의 의미로써 존재의 '무화' 를 표상하는 것이 일반적이지만 김홍기 시에서는 그것이 서정적 동일성의 속성 내지는 양상으로 기능한다는 점에서 차질적이라 할 수 있겠다.

네 속살 열던 그 밤
나 말고 누구냐?
숨 못 쉴 만큼 아름답던 너의 나신
몰래 훔쳐보던 그놈,
하얀 밤 꼴딱 새우며 침 질질 흘리던
그놈,
안 그런 척하면서 몸 구석구석
희롱하며 탐하던 그놈,
온갖 야한 상상 다 하다 멀겋게 뜬 눈으로
새벽 산등성 쫓기듯 넘어가던 그놈
날도적놈 같은
그놈이.

—「목련에게」 전문

'무위' 가 자연과 상동의 의미 관계에 있는 것임은 자명하다. 위 시는 인간의 원초적 욕망이 인위적으로 고착된 관념에 의해 억압되는 면모를 드러내면서도 궁극적으로는 그것을 초월한 동일성의 세계를 구현하고 있다는 점에서 의미가 있는 작품이다. 이 동일성의 감각은 자연을 매개로 획득되는 것이자 그 자체로 자연이라 할 수 있다.

목련이 피던 밤, "숨 못 쉴 만큼 아름답던" 그 모습을 날이

새도록 "몰래 훔쳐보던 그놈", "안 그런 척하면서 몸 구석구석 희롱하며 탐하던 그놈", "온갖 야한 상상 다 하다 멀겋게 뜬 눈으로 새벽 산등성 쫓기듯 넘어가던 그놈"은 문맥상으로는 날이 밝으면 사라지는 달빛을 의인화한 것으로 보이지만 그것은 서정적 자아의 감수성을 드러낸 것이기도 하다. 다시 말해 서정적 자아는 발화하는 목련의 아름다움에 달빛과 하나 되는 무아의 경지에 이르고 있는 것이다. 인위가 배제된 세계에서 자아와 대상 간의 경계도 구분되지 않는 무아의 경지가 바로 서정적 동일성 세계의 본령인 셈이다.

4.

시인에게 있어 현실의 삶은 "손때 묻은 물건 하나를 잃어버린 것"(「아버지의 고기쌈」) 같은 결핍의 감각으로 이루어져 있다. 이 결핍에 대한 인식과 감각이이야말로 시인으로 하여금 서정적 동일성의 세계에 대한 부단한 의지를 발현하게 하는 기제인 것이다. 현실이라는 국면에서 서정적 동일성의 세계는 가까운 듯 멀고, 먼 듯 가까운 세계다. 김홍기 시에 드러난 집단적 현실의 민낯은 동일성의 세계와는 정반대의 방향성을 표출하고 있지만 서정적 자아가 현실의 삶 속에서 세계와의 동일성을 구현하는 방법은 그리 특별하거나 어려운 것이 아니기 때문이다.

누가 불러 주거나 찾아오지 않으면
하루의 대부분을 혼자 놀아야 했을 만큼
낯가림 심했던 어린 시절 나는
아무도 찾아오지 않는 심심한 날이나
산 그림자처럼 적막한 날이면,
침 묻힌 손가락으로 낮달만 한 구멍
창호지에 뚫어 놓고
넓디넓은 우주의 바깥을 탐험하곤 했었는데
다시는 함께 살지 않을 것같이
격렬하게 싸운 다음 날 아무 일 없었다는 듯
나란히 외출하던 위층 젊은 부부처럼, 하늘 저쪽
혼자서 집을 보던 우주의 한 아이가
억수같이 퍼붓던 소나기 그친 오늘 아침
아무도 모르게 손가락 끝에 침 묻혀
거울처럼 고요한 지구의 이곳저곳
살피고 있다

—「낮달」 전문

위 시에서 서정적 자아는 유년의 자아와의 회감을 통해 세계와의 동일성을 구현하는 양상을 보여 준다. '혼자', '낯가림', '심심', '적막' 등 이 시의 정조를 이끌어 가는 시어는 주로 고독의 의미에 그 맥락이 닿아 있는 것들이다. 이러한 정조는 "거울처럼 고요한" 현실 속 자아에까지 이어지고 있다. 차이가 있다면 유년의 경우 "누가 불러 주거나 찾아오지 않으면 하루의 대부분을 혼자 놀아야 했"다는 시구에서 확인되듯 '고독' 속에 놓이는 것이 수동적이었다는 점이다.

이에 반해 현실의 자아는 "억수같이 퍼붓던 소나기 그친 아침", '고요함' 속에서 유년의 자아를 호출하여 회감하고 있다. 서정적 자아의 능동적 의지에 의해 고독이 선취되고 있는 것이다. 현실로 건너오며 유년의 자아는 "우주의 한 아이"로 의미의 확장을 이루고 있다.

한편 "다시는 함께 살지 않을 것같"이 벌이는 "격렬한 싸움"은 과거 "위층 젊은 부부"의 행위이면서 동시에 현실의 "억수같이 퍼붓던 소나기"에 대한 형상화이기도 하다. 그러나 심층적 차원의 의미로는 서정적 자아와 현실, 혹은 현실의 자아와 "우주의 한 아이" 간의 메우기 힘든 간극을 표상하는 것이라 할 수 있다. 이 간극을 초월하여 동일화에 이르고자 하는 데에 '고요함' 내지 '고독' 속에 머물면서 "지구의 이곳저곳"을 살피는 과정이 요구되고 있음에 주목할 필요가 있다. 고독 속에 침잠하면서 내면으로부터 길어 올린 깊은 시선으로 세계를 응시할 때만이 비로소 사물 본연의 모습을 볼 수 있게 되기 때문이다.

> 마을 뒷산으로 저녁 산책을 나갔다가
> 집 나온 아이처럼 머뭇거리는
> 어둠을 만났습니다
> 동네에 굴삭기가 들어와
> 아파트를 세우면서, 한때
> 못[池] 밑 넓은 들을 부리던 산은
> 변두리로 내몰리고
> 자기도 도둑고양이 눈빛 같은

아파트 불빛 때문에
산을 내려가지 못하고 벤치 위에
쪼그려 앉아 밤을 새운다며
풀죽은 모습으로 숲 속을 향하는데
나는 그를 불러 앞세우고
조용히 산을 내려왔습니다

—「산을 내려오다」 전문

이 시의 서정적 자아는 홀로 고독 속에 머물 수 있는 시공간으로 '저녁' 무렵의 '마을 뒷산'을 택하고 있다. 여기에서 그는 "집 나온 아이처럼 머뭇거리는 어둠"의 포즈도 읽어내고 한 때의 위용은 과거에 묻어 둔 채 "변두리로 내몰리고"만 '산'의 처지에도 감정이입하게 된다. 결국 자아는 "풀죽은 모습으로 숲 속을 향하는" 어둠을 "불러 앞세우고 조용히 산을 내려"오게 된다. '어둠을 앞세우고' 산을 내려간다는 것은 그만큼 오랜 시간 고독 속에 머물러 있었음을 시사하는 것이기도 하고 또 한편으로는 고독의 시공간을 내면화한 채 일상의 공간으로 돌아간다는 것을 의미하는 것이기도 하다.

시인은 적극적으로 고독 속에 머물기를 갈망한다. "하고 싶은 말 어찌 다 하고 살겠느냐"며 "오래된 감나무 까치밥처럼, 나도 가끔 잎 다 떨군 가을 문장 속 수묵의 풍경이 되고 싶을 때 있다"(「나도 수묵의 풍경이 되고 싶다」)는 고백 또한 이러한 맥락에서 이해해 볼 수 있다. '수묵의 풍경'이란 곧 고독의 표상이기도 하다. 표층적·외면적 요소의 분출이 아닌, 내면적 세계의 확장과 심화에 관계된다는 점에서 그러하다.

그렇다고 김홍기의 시가 현실을 배제한 채 자아의 내면으로만 침잠하는 낭만주의적 경향에 경도되어 있다는 것은 아니다. 우리는 이미 사회의 불온한 현실에 대한 시인의 예민한 감수성과 격앙된 목소리를 확인한 바 있거니와 시적 자아는 "때로 가슴이 답답하거나 속이 메슥거릴"(「세상 살아가기 위한 방법 한 가지」) 만큼 현실 속으로 육박해 들어가 있기 때문이다. 김홍기 시세계에서 '고독'은 오히려 현실 초월에 대한 의지로서 서정적 동일화의 매개가 되고 있다.

김홍기 시의 '고독'이 의미가 있는 것은 바로 이러한 현실에 대한 깊은 관심과 타자화된 존재에 대한 연민의 정서 때문일 것이다. 이는 자아의 존재론적 고양과 긴밀한 관계에 있는 '고독'이라는 정서의 속성에서 기인하는 것으로 보인다. 그의 시에서 '고독'은 "너무 먼 길 달려온 나를 찾아 길 떠나"(「내비게이션에 묻다」)는 자아성찰의 시간이자 서정적 동일성의 세계에 대한 의지를 고양하는 시간으로 의미화된다. 시인이 '고독' 속에 머무는 시간은 곧 존재 본연의 모습을 탐구하고 타자화된 존재와의 공존을 모색하는 시간에 다름이 아닌 것이다.

내부의 깊은 심연에서 발현되어 대사회적 발언에 이르기까지 김홍기 시의 언어들은 광범위하게 펼쳐져 있다. 시인은 존재론적 고민과 사회적 모순들을 자신의 언어 속에 차곡

차곡 쌓아 올려서 자신만의 고유한 언어 성채를 만들어 가고 있다. 그러한 성채가 견고해질 때마다 그의 시들은 한층 더 성숙한 모습으로 우리에게 다가올 것이다. 이 시집은 이제 그러한 성채로 나아가는 입구에 서 있다. 얼마나 아름답고 견고한 성채를 만들어 갈지 자못 기대된다.

시인 김홍기

경북 상주 출생.
2006년 『한국시』로 등단.
'목요시' 동인.

E-mail : kgr9077@naver.com

해평습지

지은이 | 김홍기
펴낸이 | 김재은
펴낸곳 | 도서출판 시학사
1판1쇄 | 2015년 12월 20일
출판등록 | 2015년 5월 14일
등록번호 | 제300-2015-83호
주소 | 서울 종로구 혜화로3가길 4(명륜1가)
전화 | 744-0110
FAX | 3672-2674
값 8,000원

ISBN 978-89-94889-98-6 03810